CW01666617

ŞEKERLEME ÖYKÜLERİ

# KIRMIZI'NIN BÜYÜK KEŞFİ

Özlem AYTEK

ALTIN KİTAPLAR

YAYIN HAKLARI © ÖZLEM AYTEK
ALTIN KİTAPLAR YAYINEVİ
VE TİCARET AŞ

YAYINA HAZIRLAYAN HÜLYA ŞAT

RESİMLEYEN SENA PARLAKULAŞ

BASKI 1. BASIM / NİSAN 2005
4. BASIM / MART 2010
AKDENİZ YAYINCILIK TİC. AŞ
Göztepe Mah. Kazım Karabekir Cad.
Nu.: 32 Mahmutbey - Bağcılar / İstanbul



ISBN 978 - 975 - 21 - 0421 - 1

ALTIN KİTAPLAR YAYINEVİ
Göztepe Mah. Kazım Karabekir Cad.
Nu.: 32 Mahmutbey - Bağcılar / İstanbul

Tel: 0.212.446 38 86 pbx
Faks: 0.212.446 38 90

http://www.altinkitaplar.com.tr
info@altinkitaplar.com.tr

# KIRMIZI'NIN BÜYÜK KEŞFİ

Küçük kelebek gölün üstünde uçuyordu. Bir süre uçtuktan sonra kanatları yoruldu. Kocaman bir nilüfer yaprağına kondu.

O sırada kırmızı balık, kelebeği gördü. Nilüfer yaprağının yanına doğru yüzmeye başladı.

Kelebek de onu görmüştü:

— Merhaba, kırmızı balık. Seni gördüğüme sevindim, dedi gülümseyerek.

Kırmızı balık:

— Merhaba, kelebek. Ben de seni gördüğüme sevindim, dedi.

Kelebek sabahtan beri hiç kimseyle konuşmamıştı. Bunun için canı çok sıkılıyordu. Konuşacak bir arkadaş bulduğu için sevinçliydi. Sevincini kırmızı balıktan gizlemedi:

— Bir bilsen, kırmızı balık. Ne kadar da sıkılıyordum. Benim adım Pırıltı.

— Benimki de Kırmızı, diye cevapladı kırmızı balık. Tanıştığımıza çok sevindim.

Böylece Pırıltı ile Kırmızı arkadaş oldular.

Kırmızı:

— Uçmak çok zevkli olmalı, dedi. En çok istediğim şeylerden biri de uçmak. Rüzgârı ve güneşi hissedebilmek. Oysa bizler yalnızca suyun altında yaşayabiliyoruz. Yüzmekten başka yapabildiğimiz hiçbir şey yok. Ah! Ne iyi olurdu, uçabilseydim.

— Bu doğru değil, dedi Pırıltı. Çünkü bizler de yüzemiyoruz. Uçmak benim, yüzmek de senin yeteneğin.

— Öyle, ama gölde canım çok sıkılıyor. Bir tane bile arkadaşım yok.

Doğduğumdan beri yalnızım. Benden çok büyük olan balıklarla yüzüp duruyorum.

— Ben de yalnızım, dedi kelebek. Sabahleyin gözlerimi dünyaya açtım. Henüz kimseyle tanışmamıştım. Oysa şimdi bir arkadaşım var.

Kırmızı balık gülümseyerek:

— Bana gökyüzünü anlatır mısın? Kuşları, ağaçları ve karada yaşayan tüm canlıları.

Kelebek anlatmaya başladı:

— Güneşin doğuşuyla gün başlıyor. Tüm canlılar uyanıyor. Herkes karnını doyurma telâşına düşüyor.

Pırıltı bunları anlatırken kuvvetli bir rüzgâr eserek onu karaya doğru sürükledi. Bütün gücüyle kanatlarını çırpan Pırıltı güçlükle uçabiliyordu. Az kalsın göle düşecekti.

Sözlerini de tamamlayamamıştı. Kırmızı onun ardından çok üzüldü. Kendi kendine:

— Kendime iyi bir arkadaş bulmuştum. Ama onu çabucak kaybettim, diyerek ağlamaya başladı.

O sırada nilüfer yaprağının üzerindeki minicik mavi ayakkabıları gördü. Bunlar Pırıltı'nın minik ayakkabılarıydı.

Kırmızı, güçlükle nilüfer yaprağının üzerine uzandı, ama ayakkabıları alamadı. Böyle olunca yaprağın altına doğru yüzdü. Küçücük başıyla yaprağı ters döndürmeye çalıştıysa da başaramadı.

Kırmızı'nın nilüfer yaprağının etrafında oynaşıp durduğunu gören göbekli kurbağa sordu:

— Hey! O yaprakla ne yapıyorsun öyle?

Kırmızı utanmıştı:

— Arkadaşımın ayakkabıları orada kaldı. Onları almak istiyorum. Ama başaramadım. Onları bana verebilir misin?

Kurbağa sırıtarak:

— Sen hiç merak etme, dedi. Hiç vakit kaybetmeden nilüfer yaprağının üstüne çıktı. Küçük, mavi ayakkabıları aldığı gibi gölün kıyısındaki ağacın dibine zıpladı.

Kırmızı şaşırmıştı:

— Ne yapmaya çalışıyorsun, kurbağa? Neden ayakkabıları bana vermedin?

— Daha önce böylesine güzel ve minik ayakkabılar hiç görmemiştim. Bunları kendim için saklayacağım.

Kırmızı önce arkadaşını kaybetmişti. Şimdi de ondan kalan hatırayı...

Ağlaya ağlaya yuvasına döndü. Gece boyu mavi ayakkabıları ve kelebeği düşündü.

Mavi ayakkabılarla bir süre oynayan kurbağa çok geçmeden onlardan sıkıldı.

— O kadar da ilginç değillermiş. Bunlar için Kırmızı'yı üzmeye gerek yoktu, diye söylendi.

Sabah erkenden Kırmızı'nın yuvasına gitti.

Kırmızı, kurbağayı görünce çok sevindi. Çünkü kurbağanın elinde küçük mavi ayakkabılar vardı.

— Senden özür dilerim, dedi kurbağa utanarak.

Kırmızı:

— Önemli değil, diyerek kurbağanın yanağına bir öpücük kondurdu.

Şimdi Kırmızı'nın bir arkadaşı daha olmuştu.

Kurbağa:

— Seni nilüfer yaprağının üstüne oturtacağım. Kurumayasın diye sık sık üzerine su atacağım. Böylece gölün üzerinde bir süre gezinti yapabileceksin.

Kırmızı, sevinçle sıçradı. Bir an için suyun üstüne çıkıp tekrar suya batmıştı. Bu hareketi yapabildiğine sevinerek sürekli tekrarladı. Şimdi ikide birde sıçrıyordu.

Karada yaşayan canlılar suyun üstünde sıçrayan balığı görünce çok sevindiler. Kırmızı, farklı bir şey yaptığı için oldukça ilgi görmüştü.

Kurbağa sözünde durarak Kırmızı'yı nilüfer yaprağının üzerine çıkardı. Yanına da mavi ayakkabıları koydu. Sonra yaprağı iterek yüzdürdü. Kırmızı balık ve nilüfer yaprağının yolculuğu başlamıştı.

Kırmızı, küçük kuyruğunu suyun içinde hareket ettirerek yaprağı yüzdürebiliyordu. İstediği yönü seçip o yöne doğru gidebiliyordu. İsterse durup yeniden hareket edebiliyordu.

Kurbağa onu arada bir ıslatıyordu. Bu kuruyup zarar görmesini engelliyordu.

Kırmızı çok geçmeden kendini ıslatmayı da öğrendi. Kuyruğunu kuvvetlice suya çarpıyordu. Böylece sıçrayan sular onu iyice ıslatıyordu.

Kurbağa onun tek başına yolculuk yapabildiğini görünce yuvasına döndü. Kırmızı onun gittiğini fark etmedi bile.

Kırmızı şimdi bir kaptan edasıyla suyun üstünde yol alıyordu. Yaprağı ise bir gemi gibi istediği yere götürüyordu.

Bir süre sonra cesareti iyice arttı. Hiç korkmadan kıyıya yaklaştı.

Göl kenarına konan küçük bir kuş, Kırmızı'yı seyrediyordu. Kırmızı ona:

— Merhaba, dedi. Benim adım Kırmızı. Arkadaşım kelebeği arıyorum. Onun adı Pırıltı. Bu mavi ayakkabılar onun. Dün onları yaprağın üzerinde unuttu. Ona ayakkabılarını vermek istiyorum.

Küçük kuş gülümseyerek:

— Benim adım da Maviş, dedi.

Kırmızı onun mavi tüylerine ve kanatlarına hayranlıkla baktı.

— Uçabildiğin için çok şanslısın, dedi. Ben de uçmayı ve yürümeyi çok isterdim. Ama sadece yüzebiliyorum.

— Ben de yüzebilmek, suyun dibinde olanları görebilmek isterdim, dedi küçük kuş.

Kırmızı:

— Bizler suyun dibindeki oyuklarda yaşarız. Kaya dipleri, irili ufaklı girinti ve çıkıntılar bizim yuvamız olur.

Su altında yapılabilecek fazla bir şey yoktur.

Sonra içini çekerek sözlerine devam etti:

— Oysa siz kuşlar, özgürce kanat çırpıp uçarsınız. Dilediğiniz her yere gidebilirsiniz. Nerede isterseniz orada yaşarsınız. Oysa suyun dibi tehlikelerle dolu. Her an kendini korumak zorundasın. Bir anda koca bir balığa yem olabilirsin.

Onu dikkatle dinleyen Maviş:

— Suyun altı kadar üstü de tehlikeli. Bizler de tehlikelerden uzak yerlerde yaşayabiliyoruz. Üstelik hepimizin yaşayabileceği iklimler farklı. Bazılarımız soğuk, bazılarımız sıcak iklimlerde yaşar. Üstelik dikkat etmezsek her an kocaman bir hayvana yem olabiliriz.

Bu sohbet sona erdiğinde Kırmızı'nın bir arkadaşı daha olmuştu.

Kırmızı'nın uçma isteği gitgide azalmaya başlamıştı. Çünkü bütün uçan canlılar da yüzebilmeyi istiyordu. Demek ki herkes bir diğerinin yaşantısını merak ediyordu.

Kırmızı'ya olmayacak şeylerin peşine düşmek yerine dinleyip öğrenmek daha mantıklı geldi. Bundan sonra merak ettiği şeyleri bir bilene soracaktı.

Güzel bir balık olup yüzebildiği için artık çok mutluydu. Gölde gezintisine devam etti. Bir süre sonra ördek ailesine rastladı.

Anne ördek, yavrularına yüzme dersi veriyordu. Hepsi çok güzel görünüyordu. Kırmızı, nilüfer yaprağını bu aileye doğru yüzdürdü.

Anne ördek:

— Çocuklar! Gelene bakın. Nilüfer yaprağını gemi gibi kullanan bir balık geliyor, diye haykırdı.

Yavrular, Kırmızı'yı görünce sevinçle el çırptılar.

Kırmızı bu beklenmedik sevgi gösterisine çok şaşırmıştı. O, diğer balıklardan farklı bir şey yapmıştı. Bir nilüfer yaprağında gezinti yapmayı öğrenmişti. Bu da onu farklı kılmıştı. Böylece onu daha önce tanımayanlar bile fark etmişti.

O gün Kırmızı, gölün tamamını nilüfer yaprağı ile gezerek keşfetti. Bu sayede pek çok arkadaşı oldu.

Kırmızı, bir daha görmese bile o güzel kelebeği hiç unutmadı. Onun mavi ayakkabılarını daima yuvasının en güzel yerinde sakladı.